LA FAMILLE INDIGENTE,

FAIT HISTORIQUE

EN UN ACTE,

MÊLÉ DE CHANT;

Représenté pour la première fois, à Paris, sur le Théâtre de la rue Feydeau, le 4 Germinal, an 2.e de la Republique, 24 Mars 1795.

Paroles du C. PLANTERRE, Musique du C. GAVAUX.

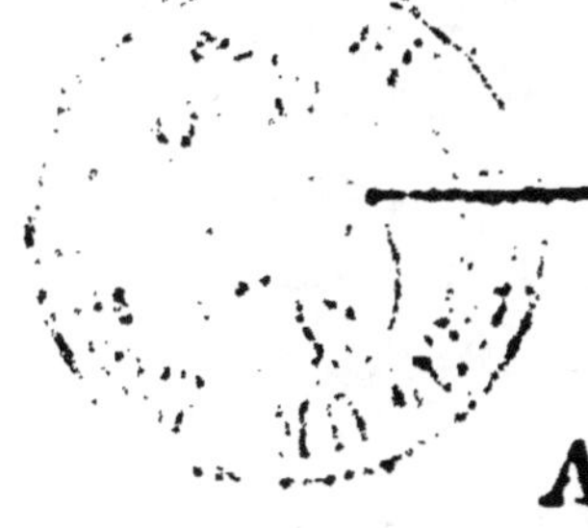

A PARIS,

Chez HUET, Éditeur de Musique et de Pièces de Théâtre, rue Vivienne, N.° 8.

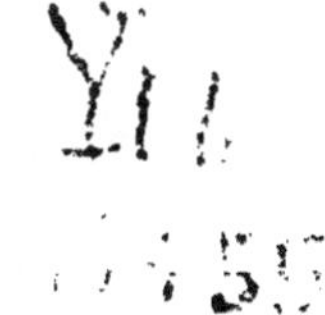

1797. — AN V.

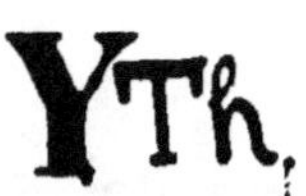

PERSONNAGES.	ACTEURS.
PAUL.	*Le Citoyen* GAVAUX.
PAULINE, épouse de Paul.	*La Citoyenne* SCIO.
GRANDIN.	*Le C.* RÉZICOURT.
JOSEPH, enfant de 8 à 10 ans.	*La C.ne* SAINT-AVOYE.
JEAN, enfant de 4 à 5 ans.	*Le petit* JULIETTE.
Un Enfant au berceau.	

La Scène est double; la moitié du Théâtre à droite du Spectateur représente l'intérieur d'une Cabane où sont quelques mauvais Meubles, une Chaise, deux ou trois Escabeaux. Sur le devant de la scène, contre le mur qui est au milieu du théâtre, on voit une cheminée où il y a du feu; plus loin, du même côté, est la porte d'entrée qui ouvre en-dedans; en face de la cheminée, est une porte de cabinet, et plus loin un mauvais coffre.

L'autre côté du Théâtre représente une Forêt, une Montagne au fond, un banc de pierre sur l'avant-scène. Toute cette partie du théâtre, ainsi que le toit de la Cabane, doivent être couverts de neige; il en tombe encore à la levée du rideau.

LA FAMILLE INDIGENTE.

SCÈNE PREMIERE.

PAULINE, *seule, debout près de la cheminée, occupée à bercer son enfant au berceau.*

Il doit être plus de midi, et mon mari n'est pas de retour........ mille idées confuses me font espérer et craindre.....Ah! Paul, auras-tu réussi? aurons-nous enfin le faible secours que nous attendons? (*Elle va à la porte de la Cabane qui donne sur la forêt, et regarde.*) Quel tems, bon Dieu! et ces enfans, ces chers enfans dont j'ai tâché de prolonger le sommeil.... (*Elle ouvre la porte du cabinet et regarde.*) Ils reposent toujours..... ils sont bien heureux! ils ne sentent ni leurs peines, ni celles de leurs infortunés parens... Oh, oui! le sommeil est le plus beau présent que le Ciel ait accordé aux malheureux.

AIR.

Présent du Ciel, ô doux repos!
Toi seul consoles l'indigence;
Tu nous fais oublier nos maux,
Tu nous fais chérir l'existence.
Le sommeil prive l'opulent
Des plaisirs que l'or lui procure;
Mais le repos de la nature
Est le bonheur de l'indigent.

Présent du Ciel, etc.

SCÈNE II.

PAULINE, JOSEPH.

JOSEPH, *sortant du cabinet et embrassant sa mère.*

Bon jour, ma bonne maman.

PAULINE.

Bon jour, mon petit Joseph. . . . . Mais tu aurais mieux fait de rester dans ton lit : il fait si froid.

JOSEPH.

Non, maman, tâte toi-même ?

PAULINE, *lui serrant les mains.*

Ah ! ces petites mains. . . . !

JOSEPH, *regardant sur le coffre.*

Mon papa n'est pas encore revenu ?

PAULINE.

Non.

JOSEPH, *en soupirant.*

Comment, pas encore ?

PAULINE.

Il ne peut tarder.

JOSEPH, *regardant toujours.*

Quelle heure est-il ?

PAULINE.

Il n'est pas tard ; il faut lui donner le tems. . . .

JOSEPH, *préoccupé.*

Oh ! oui, maman.

PAULINE.

Tu dois avoir bon appétit ?

JOSEPH.

Moi ? . . . . comme ça.

PAULINE.

Tu me trompes ?

JOSEPH.

Mais toi-même, hier, tu n'as pas soupé ?

PAULINE.

Qui te l'a dit ?

JOSEPH.

Est-ce que je n'ai pas vu que tu as donné à mon frère et à moi le peu de pain qui restait dans le coffre ? et puis tu te retournais, et puis tu pleurais. . . . Ah, maman!

PAULINE (*à part, retenant ses larmes*).

La sensibilité de ce cher enfant me perce l'âme.

JOSEPH.

Ne v'la-t-il pas que tu pleures encore, ma bonne maman?

AIR.

Maman, pourquoi
Te détourner de moi?
Pourquoi cacher ta peine?
Ta douleur est la mienne.
Pourquoi
Te détourner de moi?
Tu sais combien je t'aime.
Veux-tu rire? je ris;
Veux-tu pleurer? je m'attendris:
Ah! pourquoi n'es-tu plus la même?
Pourquoi
Te détourner de moi, etc.

PAULINE, *le serrant dans ses bras.*

Ah! mon cher Joseph, laisse-les couler ces larmes délicieuses; c'est le seul plaisir qui me soit permis à-présent.

JEAN *appelant dans le cabinet.*

Maman! maman!

PAULINE.

Voilà ton frère qui se réveille : vas, mon ami, vas l'aider à s'habiller, et tu iras ensuite dans la forêt chercher un peu de ce bois sec que ton père a mis en tas hier au soir.

JOSEPH.

J'y vais, ma chère maman; mais ne pleure donc pas comme ça, ça me rend tout. . . .

PAULINE *l'embrassant.*

Vas, mon fils, vas.

SCENE III.

PAULINE, *seule.*

L'HEUREUX naturel! ne se plaindre jamais, souffrir dans un âge si tendre, toutes les horreurs du froid et de la faim, et partager gaîment avec son jeune frère ce que je lui donne pour lui-même. Ah, mes enfans! avec un si bon cœur, vous ne sauriez être toujours malheureux......... Mais j'entends quelqu'un........ serait-ce......

SCENE IV.

PAULINE et PAUL. *Il vient de la forêt par la montagne à gauche.*

PAULINE.

EH-BIEN! mon ami! as-tu reçu?....

PAUL.

Je ne suis pas plus avancé que ce matin; Bertrand est presqu'aussi à plaindre que nous; il ne pourra me donner d'argent que vers la fin de la décade.

PAULINE.

O Ciel! qu'allons-nous devenir aujourd'hui?

PAUL.

Je n'en sais rien, je m'y perds. Je l'ai prié de me donner seulement cent sous à-compte sur ce qu'il me doit pour cet ouvrage que je lui ai fait; je lui ai représenté mes besoins, mais il m'a fait des siens un tableau si touchant, que je n'ai pas osé insister.

PAULINE.

Ah! tu as bien fait; si les cœurs des infortunés ne s'entendaient pas, on oublierait sur la terre jusqu'au mot de compassion.

PAUL.

J'ai été de-là chez Lucas, qui m'a quelquefois obligé : mais il n'était pas chez lui, je l'ai attendu long-tems ; enfin son fils vient de me dire qu'il ne rentrerait que dans une heure, et je viens employer ce tems à te rassurer, à te consoler, s'il est possible.

PAULINE.

Tu sais si je manque de courage.

PAUL.

Oui, je l'avouerai, ma chère Pauline, ta fermeté m'étonne.

PAULINE.

Lorsque feu ton père perdit ce fameux procès qui le ruina, qui le força de cacher sa misère dans ce désert....

PAUL.

Pourquoi aggraver nos maux par le souvenir de l'injustice qui les fit naître ? Considérons plutôt que nous ne sommes pas si à plaindre ; nous avons la santé, la paix de l'âme, des enfans charmans : ah ! ma Pauline ! que les mauvais parens qui se sont enrichis de mes dépouilles gardent leur fortune ; je ne la changerais pas pour un de ces momens délicieux dont nos cœurs seuls connaissent tout le prix.

DUO.

PAUL.

On est riche dans l'indigence,
Quand on peut jouir de son cœur.

PAULINE.

Avec la paix et l'innocence,
On trouve par-tout le bonheur.

PAUL.

Que tu m'inspires de courage !

PAULINE.

Le mien est ton ouvrage.

PAUL.

Le Ciel me faisant ton époux,
Te promettait un sort plus doux.

PAULINE.

Le Ciel m'accorde un sort bien doux,
Par-tout où je vois mon époux.

ENSEMBLE.

On est riche dans l'indigence
Quand on peut jouir de son cœur;
Avec la paix et l'innocence,
On trouve par-tout le bonheur.

SCENE V.

LES MÊMES, JOSEPH, JEAN, *sortans du cabinet.*

JOSEPH, *tenant Jean par la main.*

Tiens mon frère, papa est arrivé.

JOSEPH et JEAN *l'embrassant.*

Bon jour, papa.

PAUL.

Bon jour, mes petits amis . . . (*A part*). O dieux! ils vont me demander . . . que leur répondre?

JOSEPH, *regardant autour de la cabane.*

Vous avez été bien long-tems.

PAUL, *s'asseyant près de la cheminée, sur un escabeau très-bas.*

Venez vous chauffer, mes enfans.

JOSEPH, *regardant toujours.*

(*A part.*) Ce n'est pas le plus pressé.

PAULINE.

(*A part.*) Leur situation me déchire l'âme. (*allant au berceau.*) et mon petit Benjamin! le voilà aussi réveillé. (*Elle le prend.*) Il est moins à plaindre que ses frères: je puis fournir encore moi-même à sa subsistance. (*Elle lui donne le sein par-dessous son mouchoir, en le recouvrant de son tablier.*)

PAUL.

Mes enfans, venez vous asseoir sur moi.

JOSEPH, *regardant toujours.*

Mais.....

PAUL.

Oui, vous regardez que je n'ai rien apporté; mais dans un quart-d'heure nous aurons tout ce qu'il nous faut.

LES ENFANS.

Dans un quart-d'heure!

PAUL.

Oui: allons, venez; *(il les fait asseoir sur ses genoux, l'un devant l'autre; Pauline est debout derrière lui avec son enfant.)*

JOSEPH.

Papa, est-ce que tu vas faire comme l'autre jour?

PAUL.

Comment?

JOSEPH.

Comme si tu ne t'en souvenais pas!

PAUL.

Non vraiment.

JOSEPH.

Tu sais bien que nous n'avions rien pour souper; tu nous as mis comme ça sur tes genoux; maman était comme ça derrière avec mon petit frère, et puis tu nous as chanté la chanson du bon vieillard.

PAUL.

Ah! c'est vrai.

JOSEPH.

Et puis pendant ça nous nous sommes endormis, et puis nous nous sommes trouvés dans notre lit le lendemain matin gais comme pinçons.

JEAN.

La chanson, papa.

JOSEPH.

Oui, papa, la chanson du bon vieillard.

PAUL, *à part.*

Il faut quelquefois tromper la nature pour l'étourdir sur ses besoins.

CHANSON.

Le bon vieillard de Gaillarbois
Disait aux enfans autrefois :
Si tu ne donne
Rien à personne,
Personne ne te donnera. (*bis.*)
Sois serviable,
Sois charitable ;
Comme tu fais, on te fera. (*bis.*)

Des pauvres, le plus malheureux,
Mes enfans, c'est le pauvre honteux.
Souvent le riche
Bon cœur n'affiche,
Que quand il sait qu'on le verra. (*bis.*)
L'homme sincère
Aide son frère :
Et son seul témoin.... le voilà. (*bis.*)
Il met la main sur son cœur.

En prenant tout à tes parens,
On leur a laissé leurs enfans.
Méchant ignora
Qu'ils ont encore
Ce baiser-ci, ce baiser-là. (*bis.*)
(*Il les embrasse ainsi que sa femme.*)
Dans leurs caresses,
Sont leurs richesses ;
Personne ne leur envira. (*bis.*)

Mais c'est assez, mes enfans, vous savez qu'il y a vingt couplets !

LES ENFANS.

Vingt couplets !

PAUL.

Et nous avons une affaire plus pressante; je vais voir si Lucas est revenu.

JOSEPH.

Il n'y a presque plus de bois; moi je vais en chercher.

PAUL.

Ne t'éloigne pas trop.

JOSEPH.

Tu m'appelleras quand tu reviendras.

PAUL, *l'embrassant.*

Crois-tu que je puisse t'oublier, mon cher enfant?

JOSEPH.

Adieu, papa; adieu, maman; baise-moi, mon frère.

JEAN *l'embrassant.*

Adieu, Joseph.

JOSEPH *sort et traverse la forêt en face de la cabane.*

Adieu.

SCÈNE VI.

PAUL, PAULINE, JEAN.

PAULINE, *après avoir suivi Joseph des yeux.*

Vois s'il ose seulement nous faire appercevoir...!

PAUL.

Prends courage, ma chère amie; je reviens tout-de-suite.

PAULINE *remettant l'enfant au berceau.*

Mais es-tu sûr que Lucas?.....

PAUL.

Oui Lucas ou quelqu'autre m'obligera.... Adieu, Pauline; encore un moment, et le ciel fera le reste (*Il sort et va à la montagne à gauche au fond.*)

SCENE VII.

PAULINE, JEAN.

PAULINE.

Oui, le ciel fera le reste... Notre état ne saurait durer... tout me le dit... nous aurons du pain tout-à-l'heure.... nous aurons de l'ouvrage ces jours-ci... Oh, oui! l'homme vertueux doit trouver un ami; l'homme laborieux doit trouver du travail: et nous méritons l'un et l'autre. Mais tâchons de distraire ce cher enfant... Ta leçon, mon ami.... où est ton livre?

JEAN, *l'apportant.*

Le v'là, maman.

PAULINE.

Viens lire.

(Il se met à genoux devant elle, et lit tout bas. Ensuite elle balaie et tricote pendant une partie des scènes suivantes.)

SCENE VIII.

GRANDIN, *venant du fond de la forêt à droite du spectateur; il a des bottes, un manteau bleu, et porte une petite valise devant.*

Quel tems, bon Dieu! quelle saison! de la pluie, de la neige, un froid!... et des chemins.... à engouffrer un homme tout vif. Il faut avoir des affaires bien pressantes dans ce canton-ci pour y venir du tems qu'il fait... On dirait d'un coupe-gorge.... Je suis éreinté.... reposons-nous d'un moment... (*Il s'assied.*) Ils ne sont pas complaisans, les habitans de ce pays-ci... Mes amis, leur dis-je, j'ai été obligé de laisser mon cheval à l'auberge: que quelqu'un de vous me conduise à la commune de Guircherie, je paierai... Ah! bauh! tu paieras.....! Me croyez-vous capable de retenir votre salaire? je me nomme Thomas Grandin, laboureur et fabriquant à Bolbec, soyez surs..... Je n'avons pas le tems de te conduire; prends par le sentier à gauche dans la forêt, tu n'as qu'une demi-lieue..... Quelle diable de demi-lieue ! je marche depuis le matin, et je ne sais quand j'arriverai.... Ah ! pauvres piétons, que je vous plains dans l'hiver...! et malgré tout cela quand on a le bonheur de rencontrer le soir une auberge passable, un bon souper et sur-tout de bon vin, vive la joie ! on oublie gaîment les fatigues de la journée..... Ma foi, tout bien compté, les voyages ont leur mérite; et comme disait ce docteur de chez nous, plus on en fait de petits, plus on diffère le grand.

CHANSON.

Pour bien employer ses loisirs,
Les voyages sont nécessaires;
Les affaires sont des plaisirs,
Et les plaisirs sont des affaires.
La santé bien souvent
S'entretient seulement
Par les pélerinages;
On diffère le grand
Par les petits voyages. (*bis.*)

Les voyages sont encor bons
Pour faire augmenter les familles;
Ils donnent du cœur aux garçons,
Ils donnent de l'esprit aux filles.
Mes amis, savez-vous
Pourquoi l'on voit chez nous
Tant d'heureux mariages?
C'est que plus d'un époux....
Fait souvent des voyages. (*bis.*)

Le Bailli du hameau voisin
Etait époux sans être père,
Enfin, après huit ans d'hymen,
Sa tendre moitié devint mère,
Savez-vous, mes amis,
Quel moyen elle a pris
Pour grossir son ménage?
N'en soyez point surpris....
Elle a fait un voyage. (*bis.*)

Mais en chantant les voyages, je ne fais pas le mien, et je me réfroidis.... Allons, allons, gagnons pays.

(Il resserre les boucles de sa valise.)

SCÈNE IX.

GRANDIN, PAUL.

PAUL, *dans le plus grand désordre, dit de dessus la montagne :*

DIEUX ! tous les cœurs sont insensibles ! tout me manque à-la-fois.

GRANDIN.

Je ne sais si je retrouverai le sentier que j'ai quitté.

PAUL, *descendant.*

Comment rentrer chez moi ? les pleurs de mes enfans.... les soupirs étouffés de ma femme.... la désolation, le désespoir.... ô ciel ! l'horreur de ma situation m'épouvante !

GRANDIN.

Et personne pour m'enseigner ma route.

PAUL, *le voyant.*

Un étranger....! ciel ! que dois-je faire ?

(Il court précipitamment et s'arrête au moment où Grandin le voit ; après un moment de réflexion, il lui dit d'un ton concentré :)

Vous m'avez l'air d'un brave homme.

GRANDIN, *d'un ton gaillard.*

Comme ça.

PAUL, *très-lentement.*

Vous avez sans doute.... de l'aisance ?

GRANDIN.

(*A part*) Qu'est-ce que cela veut dire ? (*haut*) on ne répond à cela ordinairement que selon le tems et les lieux.

PAUL.

Vous êtes homme à obliger vos semblables ?

GRANDIN.

Les malheureux, toujours ; les fripons, jamais ; (*à part en regardant Paul*) à moins que les circonstances.

PAUL, *avec la plus grande chaleur.*

Hé-bien! ..... vous aurez pitié de son état ; elle languit dans la plus affreuse misère.... : ses enfans... Ah! pourquoi sont-ils nés, ses enfans?.... (*A part.*) Malheureux, que veux-tu dire?

GRANDIN, *à part.*

Il est fou ; diable m'emporte, si j'y comprends rien.

PAUL.

Vous ... avez.... de.... l'argent sur vous?

GRANDIN, *à part.*

Voilà qui commence à devenir plus clair.

PAUL.

Vous pouvez... prêter..

GRANDIN, *à part.*

Oui, prêter.

PAUL, *douloureusement.*

A un honnête-homme.

GRANDIN, *à part.*

Un honnête-homme qui s'y prend bien.

PAUL.

(*Très-fort.*) Ah! je suis... (*doucement en tremblant.*) je suis....

GRANDIN.

Je le vois, peu au fait du métier ; mais cela pourra venir.

PAUL, *très-fort.*

Oui, je suis au désespoir... je suis un malheureux... je..

GRANDIN.

Le travail peut guérir ces maladies-là ; et quand on est encore jeune et fort......

PAUL, *très-fort.*

Oh !.... des conseils.....

GRANDIN, *atteignant son porte-feuille.*

C'est moi qui ai tort..... (*A part.*) Quel diable homme !... voilà un billet de cinquante francs.(*Il lui donne.*)

PAUL, *s'écriant très-fort.*

Cinquante francs ?

GRANDIN, *en présentant un autre.*

Hé-bien ! en voilà deux.... (*A part*). Adieu la Valise.

PAUL, *avec attendrissement.*

Homme trop généreux !

GRANDIN.

(*A part.*) Il le faut bien....

PAUL, *avec véhémence.*

Vous ne m'entendez pas ; gardez, gardez cette somme dont vous avez sans doute besoin.....

GRANDIN.

En voilà bien d'un autre.

PAUL, *très-lentement, lui rendant les billets.*

Un billet de cinquante sous me suffit d'ici à quelques jours.

GRANDIN *le lui donnant.*

Cinquante sous, mon ami? hé-bien ! le voilà.

PAUL, *avec la plus grande chaleur :*

Je vous le rendrai ; oui, citoyen, soyez sûr.

GRANDIN.

Oui, à la première rencontre.

PAUL.

Vous verrez si je suis homme de parole; trouvez-vous la décade prochaine à la grande auberge de Guirchery: quelqu'un vous remettra ce billet de ma part; et ne cherchez pas même à me connaître, j'aurais trop à rougir de paraître devant vous.... Mais le tems presse, leurs besoins augmentent.... O dieux! ils vont avoir du pain...... ils ignoreront ce qu'il me coûte; mais n'importe, j'aurai prolongé leur existence et.... Adieu, brave homme, adieu, comptez sur ma promesse.

(Il regagne la montagne).

SCÈNE X.

GRANDIN, *seul.*

Je n'y comprends rien.... cet homme assurément n'est pas... oh! non... cet air égaré... ces soupirs... il parle de femme, d'enfans: c'est quelque malheureux, quelque pauvre père de famille..... ah! mon dieu! tandis que tant de gens inutiles regorgent de richesses! Ah!.... si les riches faisaient toujours leur devoir, les pauvres n'oublieraient pas quelquefois le leur; mais quand j'y songe, mon voyage n'a rien d'agréable jusqu'à-présent, et cependant je ne l'ai entrepris que pour faire une bonne action, pour remplir un devoir que l'honneur et la conscience me prescrivent..... Allons, allons, cela doit porter bonheur: achevons notre route tranquillement.

SCÈNE XI.

JOSEPH, GRANDIN.

JOSEPH, *dans la coulisse.*

Est-ce que tu m'appelles, papa?

GRANDIN.

J'entends quelqu'un ; est-ce encore un emprunteur?

(*Joseph paraît portant un fagot*).

Petit, suis-je loin de Guirebery?

JOSEPH.

Citoyen, il n'y a que deux pas d'ici.

GRANDIN, *à part.*

Deux pas d'ici! c'est peut-être comme la demi-lieue de ce matin.

JOSEPH.

Je vais vous y conduire, si vous voulez?

GRANDIN.

Avec grand plaisir.

JOSEPH.

Oh! mais attendez que je porte ce bois-là chez nous?

GRANDIN.

Il y a-t-il loin?

JOSEPH, *montrant la maison.*

C'est ici : c'est que maman a froid, voyez-vous!

GRANDIN.

Je vais t'attendre.

JOSEPH.

Entrez chez nous, citoyen, il ne vous en coûtera pas plus : vous vous chaufferez en-même-tems.

GRANDIN.

L'aimable enfant! ..... je le veux bien, mon petit ami : mais je paierai le bois.

JOSEPH.

Payer? ... ah! qu'il est drôle, ce citoyen! ... vous ne voyez pas que c'est du bois mort : il croit que nous lui ferons payer ce qui ne nous coûte rien.

GRANDIN.

Cet enfant m'étonne... Eh-bien ! je te suis : je serai enchanté de connaître ta maman.

JOSEPH, *le conduisant.*

Venez, citoyen.

SCÈNE XII.

GRANDIN, PAULINE, LES ENFANS.

DUO.

GRANDIN, *suivant Joseph.*

Oui, oui, je verrai ta maman :
Mon ami, ton bon cœur m'enchante.
La mère d'un si bel enfant
Doit être bien intéressante.

JOSEPH, *sans chanter, ouvrant la porte de la cabane.*

Tiens, maman, voilà du bois ; et puis v'là un citoyen que je vas conduire à Guichery, et qu'il faudrait réchauffer avant. (*Il met du bois au feu*).

PAULINE.

Etranger, soyez le bien venu.

GRANDIN.

Pardon, je vous suis inconnu ;
Mais en pareille circonstance
On a bientot fait connaissance.

(*Il ôte son manteau, et met sa valise en bas*).

PAULINE, *à Joseph.*

Apporte la chaise. (*Joseph se pressant trop tombe avec la chaise*). Etourdi.

GRANDIN, *le ramassant.*

Eh ! la paix, la paix, chère mère ;
Vous grondez mon petit ami. (*Il souffle le feu*).

PAULINE, *voulant l'en empêcher.*

Si mon époux était ici.

GRANDIN.

Eh! laissez, je suis bien ici.

PAULINE.	GRANDIN.
Il ferait mieux j'espère,	Vous badinez, j'espère,
Les honneurs de chez lui.	Je suis très-bien ainsi.

GRANDIN, *lui prenant la main.*

Ah! que vous êtes avenante!

PAULINE, *la retirant d'un air sérieux, et lui faisant une très-grande révérence.*

Monsieur, je suis votre servante.

GRANDIN.

Et non, d'honneur, sans compliment....

PAULINE.

Monsieur, un pareil compliment....

GRANDIN.

Je le disais dans le moment,
La mère d'un si bel enfant
Doit être bien intéressante.

PAULINE.	GRANDIN.
Réservez un tel compliment;	La mère d'un si bel enfant
Monsieur, je suis votre servante.	Doit être bien intéressante.

PAULINE.

Mais, citoyen....

GRANDIN.

Hé-bien! quoi?

PAULINE.

Vous avez l'air d'un galant homme.

GRANDIN.

On me le disait tout-à-l'heure.

PAULINE.

J'ai peut-être lieu d'être surprise de la manière...

GRANDIN.

Pardon, brave citoyenne, rassurez-vous sur mon compte; une épouse vertueuse, une bonne mère de famille peut recevoir mon compliment sans rougir, parce qu'il sera toujours sans conséquence.

PAULINE.

Je vous crois.

GRANDIN.

Ma foi, le feu fait plaisir, mais puisque vous êtes si complaisante, cela m'encourage à vous faire encore une demande.

PAULINE.

Qu'est-ce que c'est?

GRANDIN.

Sans façon, un verre de votre vin?

PAULINE, *hésitant.*

De notre vin!

GRANDIN.

Oui, avec une croûte de pain.

PAULINE.

Mais.... je vous.... avouerai.

GRANDIN.

Que c'est du pain noir; je m'en doute bien; mais donnez, donnez, je ne suis pas si délicat.... du pain noir! c'est bien bon quand on a faim.

PAULINE.

(*Très-fort.*) Ah! (*Douloureusement*). Vous avez bien raison.... mais pour le moment vous nous prenez au dépourvu; mon époux était même sorti pour cela: il va rentrer dans l'instant.

JOSEPH.

Est-ce bien vrai, maman?

GRANDIN.

Hé! je n'y pensais pas!. . je me suis muni ce matin d'une brioche, en faisant remplir mon flacon d'eau-de-vie.

(*Il tire de sa poche une brioche et une bouteille d'osier*).

LES ENFANS, *à leur mère.*

Une brioche!

PAULINE.

Chut!

GRANDIN.

Elle n'a pas mauvaise mine; tenez, si le cœur vous en dit, partageons.

PAULINE.

Je vous.... rends... grâce... (*A part*). Dieu! quel tourment!

GRANDIN, *mangeant.*

Et ces petits enfans? ils paraissent si bien élevés que je ne leur en donnerai pas sans l'aveu de leur mère.

PAULINE.

Citoyen, mais....

(*Pendant cette scène, GRANDIN tient toujours la brioche de la main gauche; les enfans qui sont de ce côté suivent de la tête et des yeux tous ses mouvemens.*

GRANDIN.

Voulez-vous que vos enfans en mangent?

PAULINE.

(*A part et très-fort*).

Si je le veux... (*haut*). Ce sont de ces friandises...

GRANDIN, *l'interrompant.*

Vous ne voulez pas? allons, il faut laisser les mères diriger leurs enfans à leur fantaisie...... Je mangerai tout.... (*Il mange*).

LES ENFANS.

(*Douloureusement*). Ah! maman.

PAULINE.

Quelle situation !

GRANDIN, *buvant.*

A votre santé.... Ma foi, j'ai pris là une bonne précaution. (*Il s'apperçoit que les enfans le regardent.*) Mais, maman, permettez que ces enfans... Voyez ce que c'est que le monde; tout-à-l'heure on me demandait ce que je ne voulais pas donner, et ici on refuse ce que j'offre.... (*Il voit les enfans pleurer.*) Vous avez beau dire. (*Il casse la brioche en deux.*) Tenez, tenez, mes enfans.... maman le veut bien.... pas vrai ?

PAULINE, *avec la plus grande tendresse.*

Oh ! oui, oui.

GRANDIN *donne d'abord un morceau à Joseph; celui-ci s'arrête au moment de le porter à sa bouche, et le donne à son frère, en disant:* Tiens, mon frère. *Grandin le voit et dit :*

Bien, bien ! mon ami; mais en voilà un autre: (*les enfans s'éloignent un peu et mangent très-vite; Grandin les regarde un moment.*) Ah, ah, ah ! les petits gaillards ! comme ils y vont ! à cet âge on a bon appétit, toujours le pain à la main; je parie qu'ils ont déjà fait trois ou quatre repas aujourd'hui.

PAULINE.

Trois ou quatre repas ! ah ! citoyen, les pauvres sont bien heureux quand ils en peuvent faire un par jour.

GRANDIN.

C'est bien vrai. Aussi la misère fait quelquefois faire bien des choses.... Par exemple, celui qui vient de m'arrêter dans la forêt....

PAULINE.

Vous avez été attaqué !

GRANDIN.

Tout-à-l'heure.

PAULINE.

Par un voleur?

GRANDIN.

A-peu-près ; c'est un homme qui emprunte aux passans.

PAULINE.

Vous me surprenez ; les habitans de ce pays sont pauvres, mais honnêtes, et le voyageur a toujours trouvé chez eux bon accueil, hospitalité et sûreté.

GRANDIN.

Je crois bien que vous pensez comme ça...... de braves gens comme vous..... votre mari...... mais tout le monde ne vous ressemble pas.

PAULINE.

Il faut faire votre déclaration à la justice ; il faut qu'on le trouve, qu'il soit puni.

GRANDIN.

J'en serais bien fâché !

PAULINE.

Pourquoi donc ? un voleur !

GRANDIN.

Je ne dirai pas comme cette bonne femme...... encore faut-il qu'il y en ait ! mais je dirai, puisqu'il y en a, encore faudrait-il qu'ils fussent tous comme le mien.

PAULINE.

Je ne vous comprends pas.

GRANDIN.

Je n'ai point d'armes ; il ne tenait qu'à lui de s'approprier cette valise.... et elle est de poids, je m'en vante : savez-vous qu'il y a là-dedans, tant en papier qu'en argent, près de cinquante mille livres : ç'aurait été un grand malheur pour le pauvre diable à qui cela appartient.

PAULINE.

Elle n'est pas à vous ?

GRANDIN.

Non.... c'est une histoire,.... c'est une restitution que je viens faire.... dans ce pays.

SCENE XIII.

LES MEMES, PAUL.

TRIO.

PAUL, *descendant très-vite de la montagne; il a un pain sous le bras.*

O Ciel! dans mon impatience.....!
En voilà, ma femme, en voilà!

(*Il entre dans la chaumière et casse de gros morceaux de pain qu'il donne à sa femme et à ses enfans.*

Mes enfans, mangez ce pain-là.
(*A part.*) Il me coûte plus qu'on ne pense.

(*Ils se mettent tous à manger autour de la table en face de la cheminée.*

GRANDIN, *le reconnaissant.*

Hé mais! c'est mon homme, je croi.

PAULINE.

Lucas a donc pitié de toi?

PAUL, *mangeant toujours.*

N'importe, jouissons, crois-moi,
Du bien que le ciel nous dispense.

GRANDIN, *à part.*

Chut....! je me ferais conscience
De lui causer le moindre effroi;
Eloignons-nous en silence.

GRANDIN.	PAULINE ET PAUL.
Pourquoi lui causer de l'effroi? Esquivons-nous en diligence.	Jouissons { Crois-moi, Jouissons { Sans effroi, Du bien que le Ciel nous dispense.

PAULINE, *montrant Grandin qui s'en va.*

Mon ami, monsieur est venu.....

PAUL, *dans le plus grand désordre.*

Que vois-je ! je suis confondu !

PAULINE.

D'où lui vient ce nouveau délire ?

PAUL, *à Grandin.*

Vous me voyez à vos genoux ;
Combien je rougis devant vous.....
J'étais père, j'étais époux ;
C'est tout ce que je puis vous dire.

PAUL.

J'étais père, j'étais époux ;
C'est tout ce que je puis vous dire.

PAULINE.

Il est à ses genoux :
O ciel ! que veut-il dire ?

GRANDIN.

Ami, relevez-vous :
O ciel ! qu'allez-vous dire ?

GRANDIN, *atteignant son porte-feuille.*

Je connais vos cœurs, votre état,
Je reviendrai dans votre asyle ;
Il faut que sans bruit, sans éclat,
(Il leur présente un assignat.)
Mon amitié vous soit utile.

PAUL.

C'est trop, c'est trop m'humilier.

PAULINE.

Hélas ! j'ose vous supplier...

GRANDIN, *leur donnant malgré eux.*

Prenez, et point de résistance.

PAUL ET PAULINE.

Comptez que ma reconnaissance.....

GRANDIN.

Eh ! je n'en serai point surpris ;
On peut compter sur des amis
Qu'on acquiert par la bienfaisance.

ENSEMBLE.

On peut compter sur des amis
Qu'on acquiert par la bienfaisance.

GRANDIN, *à Joseph, prenant sa valise et son manteau.*

A-présent, mon petit ami, te voilà refait, tu sais nos conventions, marche devant et viens me conduire à Guirchery.

PAUL.

J'irai moi-même, si vous le permettez.....

PAULINE.

Oui, tu feras bien d'accompagner le citoyen, d'autant plus qu'il a été attaqué tout-à-l'heure....

GRANDIN.

Qu'est-ce que vous allez lui apprendre....? Mais mon manteau est bien mouillé...... je vas vous le laisser ici, je le prendrai en revenant. (*Il le met sur le dos de la chaise.*)

PAUL.

A votre aise.... mais souffrez que je porte votre valise. (*Grandin la lui donne.*)

PAULINE.

Il y a dedans cinquante mille francs.

PAUL *va pour la lui rendre.*

Je ne sais si je dois....

GRANDIN, *avec cordialité, la lui remettant sous le bras.*

C'est à-cause de cela que je vous prie de la porter... A tantôt, brave femme ; bon jour, petits ?

LES ENFANS.

Adieu, citoyen ; adieu, papa.

PAUL.

Adieu, ma chère amie; nous revenons dans l'instant; nous n'allons peut-être pas à l'autre extrémité du bourg, il est très-long.

GRANDIN.

Ma foi, je n'en sais rien, nous demanderons à l'entrée la demeure d'un nommé Grandin.

PAUL et PAULINE, *vivement.*

Grandin?

GRANDIN.

Je vais bien le surprendre.

PAUL, *avec le plus grand étonnement.*

Grandin, dites-vous?

GRANDIN.

Vous le connaissez?

PAUL.

Paul Grandin, qui n'est pas de ce pays-ci?

GRANDIN.

Il est du ci-devant pays de Caux.

PAULINE, *vivement.*

Du pays de Caux! ah, Paul!

GRANDIN.

Paul! vous vous nommez Paul Grandin?

PAUL.

Oui.

GRANDIN.

Fils de Jacques Grandin, laboureur à Bolbec?

PAUL.

Moi-même.

GRANDIN, *vivement.*

Quoi c'est.... (*tranquillement*) ma cousine?....

PAULINE, *étonnée.*

Ma cousine!.....

GRANDIN.

Avez-vous ici une armoire, un coffre, quelque chose?

PAULINE.

Qu'est-ce que cela signifie?

GRANDIN *prenant la valise de dessous le bras de Paul, et la mettant sur le coffre.*

Mettez-moi cette valise là-dedans, la voilà arrivée à son adresse.

PAUL ET PAULINE.

Que dites-vous?

GRANDIN, *avec la plus grande chaleur.*

Embrassez-moi, mes chers amis; c'est vous que je cherchais.

PAUL ET PAULINE.

Comment?

GRANDIN.

Tu vois en moi Thomas Grandin, ton proche parent; le procès que ton père perdit contre le mien, le ruina, le força de s'expatrier.

PAUL.

Ce n'est que trop vrai.

GRANDIN.

Dernièrement en relisant mes paperasses avec des notables de chez nous, nous trouvâmes que ton père avait raison au fond; qu'il n'avait perdu son procès que par un défaut dans la forme. Juste ciel! m'écriai-je, une vaine formalité, un seul mot oublié ont pu forcer un père de famille à quitter son pays, ses parens, ses amis! des siècles d'ignorance avaient pu seuls consacrer ces loix barbares; mais sous le règne de la liberté, tout bon citoyen doit réparer leur injustice..... Bref, je fais faire des recherches, j'apprends que ton père est mort, que tu es ici; je prends ton argent, le capital, la rente, les intérêts, je mets tout dans cette valise, je te l'apporte, et le voilà.

PAUL.

O liberté ! voilà encore un de tes bienfaits !

PAULINE.

Quoi ! vous voulez que nous acceptions...?

PAUL.

Quoi ! vous donnez.... !

GRANDIN.

Ce qui vous appartient : le grand effort !

JOSEPH, *voulant prendre la valise.*

Ah ! comme c'est lourd.... et c'est à nous tout ça ?

GRANDIN.

Oui, mon petit cousin ; mais viens donc m'embrasser..... et ton second frère (*il l'embrasse*) ; et le plus petit.

(*Pauline tire l'enfant du berceau et le fait baiser à Grandin.*)

Il faut bien que je fasse connaissance avec toute la famille. (*A Joseph.*) Mon ami, tu ne me conduiras pas à Guirchery ; c'est moi qui te mènerai à Bolbec avec ton père, ta mère et tes frères.

PAUL.

Et je dirai votre belle action à toute la famille.

PAULINE.

A tout le monde.

PAUL.

Que de gens en rougiront !

PAULINE.

Que de méchans en douteront !

GRANDIN.

Que de cœurs y applaudiront !

RONDO. Finale.

PAULINE.

bis en trio.
Un bon cœur est de tous les lieux
Où la vertu brille.
Etant tout seul, s'il est heureux,
Il l'est encor plus en famille.

GRANDIN.

Pouvez-vous trouver étonnant
Une action toute commune ?
Vous en auriez bien fait autant,
Si vous aviez eu ma fortune.
TRIO. Un bon cœur, etc.

PAUL.

De tous nos cœurs en ce beau jour,
Vos dons enchaînent la tendresse ;
Mais le plus cher à notre amour,
N'est pas celui de la richesse.
TRIO. Un bon cœur, etc.

PAULINE, *à ses enfans.*

Tendres enfans, de ses bienfaits
Que la mémoire vous soit chère ;
Et sur-tout n'oubliez jamais
Le tableau de notre misère.

(*Pauline qui porte toujours son enfant au maillot, a les deux autres contre elle, Paul et Grandin les prennent par la main, tous s'entrelassent, et forment tableau.*)

PAULINE.

bis en trio.
Dans ce tableau, sans contredit,
Peu de talent brille ;
Mais le cœur fait grâce à l'esprit
Quand c'est un tableau de famille.

F I N.

A VERSAILLES, de l'Imprimerie de LEBLANC,
Place d'Armes, N.° 1.

www.ingramcontent.com/pod-product-compliance
Lightning Source LLC
LaVergne TN
LVHW020630110826
845149LV00004B/1121

* 9 7 8 2 0 1 9 2 1 2 1 3 1 *